AF249591

ÉTRENNES AUX PARISIENS

LA
TOUR DE BABEL

VIVE LE ROY! — VIVE LA RÉPUBLIQUE!

VIVE L'EMPEREUR! — VIVE LA COMMUNE!

VIVENT TOUS LES GOUVERNEMENTS!

PARIS

F. LACHAUD, ÉDITEUR

4, PLACE DU THÉATRE-FRANÇAIS, 4

—

1871

Tous droits réservés

ÉTRENNES AUX PARISIENS

LA
TOUR DE BABEL

BIBLIOTHÈQUE NATIONALE R.F. IMPRIMÉS

DÉPÔT LÉGAL
Seine
N° 6294
1871

PARIS

E. LACHAUD, LIBRAIRE-ÉDITEUR,

4, PLACE DU THÉATRE-FRANÇAIS, 4.

1871

C'est à vous, Parisiens, fléau de la France, infatigables ouvriers qui ajoutez sans cesse un étage à la tour de Babel et détestez le pouvoir, sous quelque forme qu'il se montre, ne lui apportant jamais que vos méfiances et votre opposition systématique; à vous surtout, gens de tous les partis, qui exploitez en faveur de vos intérêts les fautes et les revers de la Patrie; vous qui, dans ces tristes temps, osez pousser un autre cri que celui de « Vive la France! » que j'adresse cette brochure.

E. D.

VIVE LE ROY!

Paris, 9 décembre 1871.

A ma Très-Révérende Mère Angélique, fondatrice
de l'Ordre des Zélatrices de la Salette.

A. M. D. G.

Ma Très-Révérende Mère,

Vous m'avez plusieurs fois demandé mon opinion sur
ce que pensent les Parisiens des récentes prophéties; j'ai
toujours hésité à vous répondre, mais puisque vous m'y
contraignez, je cède à l'invitation que vous me faites.

Hélas! ma T.-R. Mère, les Parisiens sont encore ces
insensés dont parle le Roi-Prophète :

« Ils ont des oreilles et n'entendent point;
« Ils ont des yeux et ne voient rien. »

1.

Cela ne doit point nous surprendre ; que pouvons-nous attendre d'une société dégradée, abâtardie par le plus hideux sensualisme et assoupie dans l'engourdissement d'une vie tout animale et tout entière plongée dans la boue des passions où elle naît, où elle vit, où elle s'agite, où elle roule, où elle meurt.

Allez donc parler de prophéties conditionnelles ou comminatoires à ce siècle égaré au milieu des labyrinthes du rationalisme et qui s'est impudemment arrogé le titre fastueux du siècle de lumière, si tant est qu'on puisse appeler lumière cette science purement matérielle qui s'entoure de vapeurs et qui caractérise le temps où nous vivons.

Les châtiments terribles dont le Ciel frappe les Parisiens n'ont pas abattu leur orgueil ; et la guerre, le typhus, la variole, l'oïdium, l'épizootie, le froid que nous avons aujourd'hui, 19 degrés, (il faut remonter à 1788 pour en retrouver un pareil), tous ces instruments de la colère divine, qui les atteignent dans leurs moyens d'existence, semblent ne leur inspirer aucune crainte.

Oh ! inconcevable abîme du cœur des hommes !

Oh ! faiblesse humaine !

Il y aura bientôt vingt-quatre ans, ma T.-R. Mère, que la Reine des Cieux apparut sur votre sainte montagne à deux jeunes enfants, et leur dit :

— « Les pommes de terre se gâtent, n'est-ce pas, mes
« enfants?

— « Oui, Madame, répondirent-ils.

— « Eh bien, reprit-Elle, si les hommes ne reviennent
« pas à Dieu, elles continueront à se gâter, ainsi que les
« noix. Les raisins pourriront avant d'atteindre leur matu-
« rité, le ver rongera le blé et il y aura la famine. »

Vous savez mieux que personne, ma Très-Révérende
Mère, si ces saintes révélations relatives aux noix et aux
pommes de terre n'ont pas eu leur effet; votre départe-
ment, m'écrivez-vous, est du nombre de ceux qui ont
éprouvé des pertes considérables.

Et voilà que non-seulement la nielle a détruit, cette
année, des récoltes entières de blé — (il est vrai qu'il y
a eu beaucoup d'orge et de seigle) — mais une maladie in-
connue jusqu'ici, le phyloxera, est venue atteindre la vigne
et a fait pourrir les raisins avant leur maturité.

Cependant, malgré ces avertissements salutaires, ces
témoignages irréfutables de la Sainte Apparition, les Parisiens s'endurcissent dans leur impénitence et leur impiété.

Mais, comme saint Michel archange l'a dit à notre
bonne sœur Félicité, dans la dernière vision qu'elle vient
d'avoir, les Parisiens, cette race diabolique et perverse, ne
sont pas au bout et ils en verront bien d'autres.

Dieu est bon et miséricordieux, il est lent à punir le crime, mais il est juste, et sa colère est terrible.

Insensé serait celui qui oserait lui résister ou pénétrer ses desseins ! Aujourd'hui comme autrefois, quand il châtie les peuples, il permet que des victimes expiatoires lui soient immolées pour le salut et le bien de tous. Le juste est pris pour le coupable.

La Sainte Écriture nous le dit. Tantôt il faisait passer au fil de l'épée vingt-trois mille enfants d'Israël pour avoir adoré le veau d'or, pendant qu'Aaron lui-même, dont les mains sacriléges avaient façonné l'idole, était épargné. Tantôt, pour expier le crime d'un Israélite avec une fille de Madian, il donnait la mort à vingt-quatre mille hommes de son peuple et ordonnait d'exterminer tous les Madianites, hommes, femmes, vieillards et enfants, à l'exception des jeunes filles, qui, pour la plupart, avaient été cause de ces désordres et pouvaient en occasionnner de nouveaux. En des temps plus reculés, nous le voyons enfin envelopper dans les flammes qui dévorent l'infâme ville de Sodome, où des crimes sans nom se commettaient, les enfants à la mamelle, que leur âge aurait dû garantir du supplice, comme il les avait mis à couvert de la corruption.

C'est ainsi qu'il traitait autrefois son peuple hébreu ; c'est ainsi qu'il traitera la Majorité de l'Assemblée, si nous ne rendons pas la France à Henri V, son propriétaire légitime.

Bien que les impies et les rationalistes s'efforcent, par d'infernales machinations, de s'opposer au rétablissement de la Légitimité, les prophéties dont vous me parlez et celles que viennent de publier tout récemment la maison Victor Palmé sont si frappantes, que nos bons Pères et tous ces Messieurs de l'Œuvre s'attendent, ainsi que moi, à la venue prochaine de l'Élu de Dieu.

Vous me citez, ma T.-R. Mère, la prophétie de saint Césaire tirée de son « *Liber Mirabilis;* » celle de Merlin Joachim, cet humble moine de Casemar, qui, dès 1320, voit en rêve se dessiner les augustes figures de Pie IX et d'Henri V; enfin les prophéties si étonnantes de sœur Rosa Colomba Asdente, morte en 1847; de sœur Marie Lastate, morte la même année ; de la bergère des Landes, à laquelle le Seigneur parla le 20 novembre 1843 ; enfin, tout récemment, de notre chère sœur Marianne, dans la lettre qu'elle a écrite à sœur Providence et que notre bon père Onufrio m'a communiquée.

Permettez-moi, ma T.-R. Mère, de vous citer à mon tour deux nouvelles prophéties que ces Messieurs viennent de mettre en lumière pour l'édification et la consolation de ceux qui, comme vous, soupirent après l'Ère du Lys.

Le première est celle de la mère Du Bourg, fondatrice des sœurs de l'Agneau de Quimper.

Cette sainte mère était en oraison dans sa cellule,

lorque le saint archange, saint Michel, lui fit sentir sa présence et lui annonça qu'en sa qualité de protecteur de la France Dieu l'avait chargé de ramener le prince Dieudonné.

— « Le Seigneur lui donnera, lui dit l'archange, la
« lumière, la sagesse et la puissance. Il l'a fait passer au
« creuset de l'épreuve et de la souffrance, mais il va le
« rappeler de l'exil. Lui, le Seigneur, le prendra par la
« main et, au jour fixé, il le replacera sur le trône. Sa
« destinée est de réparer et de régénérer; alors la reli-
« gion consolée refleurira et tous les peuples béniront le
« règne du prince Dieudonné! »

Est-ce assez clair? Mais ce n'est rien à côté de la vision que vient d'avoir chère sœur Nativité.

Dans une lettre adressée à la supérieure de son ordre, lettre que l'Œuvre vient de faire imprimer, elle dit ceci :

« J'étais transportée en esprit sur une montagne et je
« voyais un bel arbre grand et fort (1); ses fleurs et ses
« fruits présentaient tout à la fois l'odeur la plus suave
« et le coup-d'œil le plus charmant. A quelques pas de
« ce bel arbre, j'en voyais un autre (2) beaucoup moins
« fort, mais qui n'était ni si bien fleuri, ni si bien disposé
« que le premier.

---

(1) Henri V.
(2) Napoléon III.

« Pendant que j'admirais ces deux beaux arbres, un
« troisième arbre (3) s'éleva dans l'espace qui les sépa-
« rait. Celui-ci était un sauvageon dont les fleurs répan-
« daient une odeur infecte.

« Cet affreux sauvageon commença à battre alternati-
« vement les deux beaux arbres par un mouvement de
« droite à gauche, tant que j'en étais épouvantée. Je
« remarquai pourtant qu'il ne faisait que froisser forte-
« ment et comme éclabousser les rameaux du premier
« arbre, qui résista toujours sans rien perdre de ses
« fleurs ni de ses fruits ; mais il brisa toutes les branches
« de l'autre arbre, de manière qu'il ne lui resta que le
« tronc et les racines.

« Après cette terrible opération, j'entendis une voix
« qui cria : — Coupez le sauvageon par la racine ; qu'il
« soit détruit ainsi que le second arbre (4), mais qu'on
« ait soin de conserver le premier.

« A peine ces mots furent-ils prononcés que je vis le
« Fils de Lucifer (5) abattre, d'un coup de hache, le
« second arbre et un prêtre (6) frisé et poudré à blanc (7)
« vêtu d'une aube très-belle et très-fine, mais sans cha-

---

(3) La République du 4 septembre.
(4) Bien entendu Napoléon III.
(5) L'empereur d'Allemagne.
(6) Quel est ce prêtre ?
(7) Pourquoi est-il frisé et pommadé ?

« suble, ni chappe (8), renverser le sauvageon en souf-
« flant dessus.

« Les deux arbres maudits tombèrent l'un après l'autre
« et roulèrent jusqu'au bas de la montagne. »

« Tandis que j'étais comme anéantie par l'effroi,
« j'aperçus à mes côtés l'ange Gabriel, tenant en main
« une branche de lys et tel qu'il est représenté dans le
« tableau de notre réfectoire, pénétrant dans l'humble
« chambre où prie la Vierge agenouillée. »

Que cette prophétie est belle, ma Très-Révérende Mère,
qu'elle est pleine d'espérance !

Mais, à propos de l'archange Gabriel, avez-vous fait
comme moi cette observation, que ce n'était pas sans un
grand mystère que le Seigneur avait placé le lys dans
les mains de son divin messager. Ne le faisait-il pas pro-
phétiser qu'un jour cette fleur composerait les armoiries
de nos rois et serait l'emblême du salut de la France?

N'en doutons pas, ma T.-R. Mère, le lys va refleurir, et,
comme un de ces Messieurs l'a écrit dans une pièce de
vers qui vous ira au cœur lorsque vous la recevrez,
c'est par le lys que

> De ce chaos sans fond de haines et d'erreurs,
> Dieu va nous retirer après tant de malheurs.

---

(8) Pourquoi n'a-t-il ni chasuble ni chappe? Que de mystères !

Car, ajoute-t-il en parlant de notre cher Henri,

En ses loyales mains plus de risque à courir !
Religion, lauriers et lys vont refleurir.

Hélas ! ma T.-R. Mère, savez-vous ce que répondent les Parisiens lorsqu'on leur dit que la légitimité fera renaître la foi dans tous les cœurs ?

Ils demandent comment elle s'y prendra, si ce sera par la persuasion ou par la force.

Par la persuasion ? Alors disent ces antechrists, Henri V va donc chanter au lutrin, catéchiser et sermonner.

Par la force ? La religion, disent-ils (bien entendu que ce sont eux qui parlent et non moi), devient alors une affaire de gouvernement comme les canaux et les routes. Les magistrats, les gendarmes et les gardes champêtres sont chargés de la police du culte. Les lois de l'Église sont obligatoires comme celles de l'État; manquer à la messe est un délit comme forcer une serrure; le tribunal correctionnel connaît du péché véniel; le péché mortel tombe sous le coup de la cour d'assises.

Voilà ce que ne craignent pas de dire ces suppôts de Satan.

Sans doute, ma T.-R. Mère, notre cher Henri ne saurait, sans un égoïsme impie, laisser se damner son peuple et se précipiter dans l'enfer lorsque, la police aidant, il peut le sauver ; mais ce serait faire injure à l'exquise bonté, à la mansuétude du Roy que d'affirmer qu'il fera conduire par la gendarmerie les rationalistes au confessionnal.

Permettez-moi, ma T.-R. Mère, de terminer ici cette lettre déjà trop longue et de vous saluer humblement en N.-S.-J.-C.

Votre fils en Dieu.

Loués soient les Très-Saints cœurs de

Jésus et Marie.

P. S. — M. le curé de P... vient de fonder dans sa charmante église une messe à perpétuité pour implorer l'appui de saint Michel archange. L'honoraire reste fixé à 1 franc comme dans tout le diocèse. Nos Messieurs recommandent tout spécialement cette bonne œuvre.

VIVE LA RÉPUBLIQUE!

La chambre où je me tiens d'habitude représente pour moi, ce soir, un club.

Je forme à moi seul le bureau et l'assemblée.

Je suis à la fois le président et les assistants. Je me demande la parole, je me l'accorde avec une bienveillante sympathie, et je monte à la tribune, c'est-à-dire sur mon fauteuil.

M'y voici.

Hum, hum! Attention! Je commence.

Vous voulez savoir, citoyens, pourquoi je suis républicain?

Je vais vous le dire :

C'est que la République c'est l'union, c'est la liberté, c'est enfin, non pas l'anachronisme de la foi aveugle en un homme ou en un système, mais la grande loi de la fraternité.

Loi sublime qui doit suffire à tout et à tous, parce que — comprenez bien ceci, citoyens — de sa mise en pratique découlent et le respect de tous les droits, et l'accomplissement de tous les devoirs.

Le droit sans le devoir ne saurait exister, le devoir sans le droit n'est qu'une chimère ; mais du droit et du devoir, unis ensemble et fécondés par la liberté, naît l'idée supérieure qui ne peut être, vous l'avez de suite compris, que la liberté, l'égalité et la fraternité, c'est-à-dire la République.

France ! chère et malheureuse patrie ! tes souffrances sont grandes, le sang de tes enfants a coulé à flots, mais, ne détourne pas les yeux, le sang de ton peuple est généreux, il féconde l'avenir et élargit ton horizon !

(A MOI-MÊME :)

Que cette image est sublime ! En comprendra-t-on toute la sauvage grandeur ?

(JE CONTINUE.)

Oui, citoyens, c'est le peuple et le peuple seulement qui, de ses mains puissantes, doit ressaisir ses destinées, car au-dessus de la guerre des rois, comme un géant immense surgit la Liberté!

Oui le peuple, citoyens, car lui seul est la force, lui seul est le droit, lui seul est bon!

Oh! oui! le peuple est bon!

Il est bon jusqu'à la naïveté, jusqu'à l'abnégation, jusqu'à la folie!

C'est lui l'agneau de l'éternel sacrifice. De lui-même il tend la gorge au couteau du boucher.

Voilà, citoyens, pourquoi je suis républicain!

Mais savez-vous bien ce que veut le peuple, cet éternel immolé?

Oh! bien peu de chose, allez! seulement sa part d'air et de soleil! moins que cela, le droit de vivre!

Mais il ne veut plus que le bourgeois inepte et féroce s'engraisse éternellement de sa sueur!

2.

Oh! les bourgeois, les riches, les pâles, dites-moi, citoyens, est-ce que ce sont des hommes?

Eux, des hommes! Allons donc! C'est vous, les misérables, vous qui êtes nombreux comme les épis de blé, vous qui êtes larges, solides, bien plantés comme des chênes, qui seul êtes de vrais hommes!

O peuple! tu le sais :

Les riches ne s'habillent point parce que les mœurs et la température l'exigent, ils se costument pour t'éblouir... leur vie est un éternel carnaval! Ils ont des culottes courtes pour aller à tel bal, des pantalons à bandes dorées pour aller à tel autre; ils ont des habits vert-pomme brodé sur toutes les coutures, des chapeaux à cornes ornés de plumes. Ils ont tous du ventre, et chaque soir ils se donnent une indigestion!

Et je ne serais pas républicain!

Plutôt la mort!

Courage, peuple! une carrière nouvelle s'ouvre devant toi ; le chemin qui t'y conduira, c'est le chemin de la liberté.

La liberté, citoyens, n'a pas de caprices et ne porte point de masque. La liberté est une vierge immaculée qui ne souffre jamais violence, qui repousse tout amour jaloux et qui, ne tenant nul compte des bonnes intentions, n'admet qu'un culte sévère et fraternel.

(A MOI-MÊME :)

Est-ce assez splendide, assez ruisselant d'inouïsme tout ce que je dis là ! Cependant, soyons modeste.

(JE REPARS.)

Ne vous fiez pas, citoyens, à mon improvisation; l'improvisation n'est permise qu'à ceux que le travail a préparés.

Tout enfantement est un travail et tout travail un enfantement !

Pas d'enfantement sans travail, pas de travail sans enfantement !

Supprimez le travail, vous n'avez plus d'enfantement !

Supprimez l'enfantement, vous n'avez plus de travail !

Tout travail—suivez bien mon raisonnement,citoyens— doit compter avec le temps; mais le temps marche, et si vous voulez, citoyens , écouter les enseignements du passé, au lieu de vous en séparer par la vaine apothéose d'un présent qui n'aurait dans le passé ni père ni mère — suivez bien mon raisonnement — vous verrez que notre histoire porte dans ses flancs obscurs et douloureux la lumière qui doit éclairer notre marche en avant. Or, cette lumière n'est autre que le raisonnement de l'âme inspirée du génie de notre malheureuse et chère patrie, cette innocente victime du césarisme.

A bas l'Empereur ! Vive la République !

> (Ici, l'émotion me gagnant, je prends d'une main mal assurée le verre d'eau sucrée traditionnel, et en le portant à mes lèvres, j'en répands le contenu dans mon gilet. Je ne me trouble pas pour si peu et je repars.)

Comprenez ce génie, citoyens, il nous couvrira de sa protection tutélaire. Par lui, réunis dans une même foi, dans un même enthousiasme, dans une même idée, dans une même entente, dans une même fraternité, que dis-je ! dans la même sublimité d'une union féconde et généreuse, nous aurons enfin conscience de nos propres forces, et nous propagerons cette idée, ce génie, cette lumière, ce rayon, ce foyer incandescent, dont la chaleur embrasera l'Europe entière, impassible témoin de nos convulsions actuelles.

Et ne croyez pas, citoyens, qu'il nous suffira pour cela de décréter l'idée ; non, il nous faudra surtout — devoir viril et austère ! — la respecter, la servir avec amour, l'alimenter de nos actes, la renfermer dans notre sein, la porter dans nos bras, sur notre tête, sur nos épaules, et surtout sur notre cœur !

Gigantesque labeur ! effort sublime !

Car l'idée c'est la puissance. La matière c'est l'inertie. L'idée c'est le mouvement, et l'idée supérieure c'est la République.

(A MOI-MÊME :)

Comme c'est clair ! comme c'est luminenx ! Décidément, j'aurais dû me faire philosophe et commenter Hégel.

(CONTINUONS.)

A nous donc, citoyens, à nous l'idée supérieure et généreuse, droit de chacun dans l'harmonie de tous.

L'idée supérieure ! cette force du droit combattant le droit de la force !

(JE M'ATTENDRIS.)

Frères ! si vous pouviez comprendre cet appel de mon
cœur à votre intelligence; cet appel, qui n'est autre chose
que la conviction d'une vibration qui n'est elle-même
que l'expansion du sentiment intime, infaillible , raisonné
et, je dirai plus, forcément nécessaire de l'idée supérieure !

Le moment est grave et solennel, il emprunte aux
circonstances une souveraine grandeur, car en ce moment
la France c'est l'inconnu, que contemple le monde
attentif.

Cet inconnu, c'est la mort ou la vie, c'est la Répu-
blique-Rayon où la Monarchie-Ténèbre. C'est le doute-
mort ou l'enthousiasme-vie et séve.

Instant sacré pour un peuple ! Synthèse sublime ! Élan
prodigieux ! Obscurité lumineuse! Silence tumultueux !
Tumulte silencieux !

Citoyens, nous sommes dans une nuit profonde ; mais,
attendez : ne voyez-vous pas à l'horizon poindre une
faible clarté? Elle s'élève, elle monte, elle grandit, elle
éclate, elle resplendit ; tous les yeux sont tournés vers
cette éblouissante aurore, tous les bras lui sont tendus,

tous s'écrient comme la Juliette du poète anglais, non avec sa craintive inquiétude, mais avec un cœur rayonnant d'espérance et de bonheur :

« C'est le jour ! c'est le jour ! »

Eh bien ! ce jour, c'est la liberté.

Et la liberté, c'est la République.

Et la République, c'est . . . Enfin,

A bas l'Empereur ! Vive la République !

VIVE L'EMPEREUR !

Je remonte sur mon fauteuil.

Ce soir j'ai, par la pensée, réuni autour de ma tribune tous ceux qui, pendant vingt ans, ont acclamé l'Élu de la France, tous ceux qu'il a décorés, tous ceux qui lui doivent leur élévation et leur fortune.

L'assemblée est brillante et nombreuse.

Je distingue dans la foule, ici des généraux illustres à tant de titres; là des préfets fameux, puis des banquiers, des hommes de lettres, des entrepreneurs, des journalistes, surtout des journalistes.

J'ai allumé les bougies de mes candélabres, un feu clair et vif pétille dans ma cheminée.

Ma tenue est irréprochable :

Souliers vernis, habit noir, cravate blanche.

Bien qu'ayant acheté les décorations du merle-bleu (1ʳᵉ classe), de l'éléphant blanc, etc..... je n'en porte aucune ; seule, une simple fleur, une marguerite — touchante allusion — brille à ma boutonnière.

Je salue gravement l'assemblée, j'ôte lentement mes gants, je passe la main sur mon front comme pour condenser mes pensées et je commence.

(Du nerf, il faut chauffer ça.)

MESSIEURS,

Lorsque vous avez vu l'Empereur devenir la victime des mensonges, des folies et des crimes d'une poignée de conspirateurs qui ont précipité la France dans l'abîme de douleurs où nous la voyons plongée, tous vous avez protesté, tous vous avez mis votre orgueil à mépriser les gens dont l'admiration tourne avec la fortune, tous, vous souvenant du temps où — suivant cette belle expression de Tacite — les yeux fixés sur le Prince, vous attendiez ses ordres — vous êtes restés les courtisans du malheur.

Pas un de vous n'a courbé la tête, pas un ne s'est laissé injurier dans son affection pour l'Empereur.

Oh ! merci, merci pour lui !

Je ne vous rappellerai pas, messieurs, quelle fut la conspiration que préparèrent de longue date, pour renverser l'Empire, certains avocats unis

« A tous ces gens perdus de dettes et de vices
« Qui, si tout n'est détruit, ne sauraient subsister ! »

Vous savez tous, comme moi, qu'une fois leur crime commis et après s'être assis autour des tables du budget — la première opération de tout bon révolutionnaire est la curée des places — ils se figurèrent qu'ayant soulevé l'écume des passions humaines, ils la laisseraient retomber, et que tout serait dit.

Les insensés ! ils ont ouvert les portes de l'enfer, et les démons leur ont répondu, et la lueur des incendies de Paris a éclairé la France égarée, et lui montre la perversité de leurs desseins et les affreuses conséquences de leur ambition.

Voilons-nous la tête, messieurs, et passons, tristes et silencieux, au milieu des ruines qu'ils ont accumulées !

Ce que je veux, c'est vous parler de *Lui !*

Oh ! oui, parlons de *Lui,* parlons-en toujours !

Dirons-nous sa **bonté** ?

Qui la peindra mieux que Suétone parlant du fils d'Agrippine : « *Neque liberalitatis, neque clementiæ, nec comitatis quidem exhibendæ ullam occasionem omisit.* » (Il ne manqua aucune occasion de montrer sa libéralité, sa clémence et sa bienveillance.)

Le lendemain du 2 décembre, ce jour à jamais mémorable qui fut salué par les acclamations de la France entière — vous vous rappelez, messieurs, les illuminations, les adresses, les cantates — Morny, de Maupas et Saint-Arnaud reçurent chacun cinq cent mille francs.

Parlerons-nous de son dévouement à l'armée ?

Quelle preuve plus grande en pouvait-il donner que dans cette journée de Sedan, appelée par les partis une honte et qui ne fut qu'une bonne action ?

Oui, une bonne action ; et l'histoire, qui rend à chacun selon ses œuvres, honorera, comme il le mérite, ce juste indignement outragé.

Je sais bien ce que disent de l'Empereur ceux qu'il n'a pas décorés. — En bonne conscience, je vous le demande, messieurs, pouvait-il décorer tous les Français ? Louis-Philippe l'a essayé avant lui et n'a pu y parvenir.

A les entendre, le souverain qui a dit à Bordeaux :

« *L'Empire c'est la Paix* »

aurait, plus ambitieux que clairvoyant, joué la grandeur de la France dans des guerres de hasard.

D'après eux la guerre d'Italie serait la plus grave de toutes les fautes ; la guerre du Mexique un mensonge aboutissant à un meurtre, et la guerre d'Allemagne un véritable acte de folie.

Si vous voulez les écouter, ils essayeront de vous persuader que l'Empire a laissé après lui quinze milliards de dettes, les cimetières agrandis, le nord de la France dévasté, les Prussiens sur notre sol, quinze cents communes en Alsace et en Lorraine qui pleurent la patrie, enfin la décadence, la dépravation et la honte.

Réfutons rapidement, messieurs, ces accusations mensongères.

Si j'ai bien compris ceux que l'Empereur n'a pas décorés, le premier reproche qu'ils lui adressent, c'est d'avoir fondé l'unité italienne.

Mais vous le savez, messieurs, l'Empereur voulait non l'unité de l'Italie, mais seulement sa liberté ; non l'agrandissement de la maison de Savoie, mais une confédération dont le Pape devait être le père, comme il en fut autrefois l'apôtre.

Je ne m'arrête pas à la guerre du Mexique. L'Empereur l'a appréciée à sa juste valeur le jour où il a dit ce mot

3.

si profond et si vrai : « Cette guerre sera la plus belle page de mon règne. »

Quant à la guerre d'Allemagne, permettez-moi, messieurs, de vous faire observer une chose : c'est que, si l'opposition avait cru que le Gouvernement impérial désirait cette guerre, elle ne lui aurait pas toujours jeté à la figure la défaite imaginaire de Sadowa.

C'est l'opposition seule qui par ses discours agressifs a persuadé à la nation française qu'elle était humiliée.

Loin de souhaiter la guerre, le Gouvernement impérial avait tout intérêt à l'éviter, pour la France d'abord, pour la dynastie ensuite.

Malheureuse, la guerre le perdait ; heureuse, elle ne lui rapportait rien.

Si l'Empereur a pu avoir un tort, c'est celui, voyant le Corps législatif lui refuser les fonds nécessaires pour réorganiser son armée, de n'avoir pas été plus raisonnable que le pays et de s'être laissé imposer cette guerre que la Prusse voulait, que la France désirait, et dont il a été la victime.

Arrivons maintenant au reproche de corruption et de dépravation fait au régime impérial.

Vous criez contre le luxe de Paris sous l'Empire ; à

vous entendre, il semblerait qu'il n'y en a aucun à Londres, à Saint-Pétersbourg et à New-York.

Vous parlez de mauvais livres, de pièces immorales; pourquoi achetiez-vous ces livres? pourquoi assistiez-vous à ces pièces?

Est-ce l'Empire, dites-moi, qui a donné naissance à cette sorte de littérature renouvelée de Boccace, de Brantôme et de Voltaire, et ne voyez-vous pas que, si ces anciens auteurs avaient du talent, ceux de la dernière dynastie n'en possédant aucun, leurs œuvres en sont par cela même moins dangereuses et ne perdront que ceux qui veulent se laisser perdre.

Vous parlez des erreurs de tels ou tels hauts personnages de la Cour : vous ignorez donc que l'Empereur fut toujours le premier à les blâmer, et qu'il manifesta tout son mécontentement à MM. *** et *** lorsqu'il les vit figurer l'un pour cinq cent mille francs et l'autre pour un million deux cent mille avec la rubrique : *Pour services rendus*, dans la faillite Mirès.

Un autre argument qui a cours parmi vous, c'est que l'Empire a tué toutes les intelligences et qu'aucune supériorité ne s'y est montrée.

Calomnie, messieurs, pure calomnie !

Un règne qui s'honore d'avoir compris parmi ses orateurs, ses chambellans, ses généraux, ses littérateurs et ses artistes, Émile Ollivier, Bacciochi, Lebœuf, Bazaine, Offenbach, Schneider, les deux Hyacinthe, Timothée Trimm — il faudrait les citer tous — peut passer à juste titre pour l'un des plus glorieux de notre histoire.

J'en ai fini, messieurs, avec ces absurdes accusations.

Non, mille fois non, l'Empereur n'a fait aucune guerre injuste ou inutile ; non encore un coup il n'a pas corrompu les mœurs.

Lui, corrompre les mœurs !

Il les respectait si bien qu'il fit supprimer par la censure la première partie d'une pièce qu'on allait représenter à l'Ambigu.

Cette pièce devait s'appeler :

« *Marguerite, ou l'Ouvrière de Londres.* »

Mais, s'il fut rigide observateur des bonnes mœurs, il ne laissa pas néanmoins d'encourager de ses applaudissements les artistes que leurs succès près d'un public éclairé désignaient à sa faveur.

Je ne citerai qu'un fait, un seul.

En février 1866, dans une soirée donnée au Louvre,

chez le général Fleury, grand veneur, et à laquelle assistait toute la cour, la diva du faubourg Poissonnière eu l'honneur de chanter devant Leurs Majestés son répertoire accentué.

L'Empereur, après avoir vivement applaudi la cantatrice populaire, s'approcha d'elle et lui dit ces mots, qui sont tout un éloge: « Mademoiselle, vous m'avez fait plus rire « en une heure que toutes les autres dans une année. »

C'est ainsi qu'agissent, que parlent les grands monarques; car ils savent qu'en honorant tous les talents, même les plus humbles, c'est leur règne même qu'ils honorent.

Je termine.

Après l'épouvantable drame de Paris, les hommes qui ont amené tant de désastres sont encore députés. Ils rejettent sur leurs victimes la responsabilité des événements dont ils sont les auteurs, et ils voient si clairement que la France les juge comme ils le méritent, qu'ils lui ont refusé hier encore son droit au plébiscite.

Ah! c'est qu'ils savent bien que l'Empereur retrouverait ses huit millions de suffrages, et qu'assis sur cette base de granit il serait aussi largement fondé et aussi indestructible que les monuments des Pharaons.

Oui, messieurs, l'Empire, et l'Empire seulement, rétablirait l'ordre social, parce qu'il est le seul gouvernement qui émane du peuple, et que Napoléon III n'a pas, comme les souverains qui l'ont précédé, été renversé par une révolution populaire; mais parce que, comme l'Agneau de la nouvelle alliance, il s'est volontairement livré pour sauver son peuple.

La restauration impériale est le salut de la France.

Ne le cherchez pas ailleurs; il n'est que là.

Donc à bas la République! et vive S. M. Napoléon III!

Je descends de la tribune.

Ouf! Quelle tartine!

VIVE LA COMMUNE !

Ce soir je devais réunir, toujours par la pensée, autour de ma tribune, les frères et amis qui reviennent des pontons; mais, comme je forme à moi seul, je l'ai dit, l'assemblée, l'orateur et le bureau, j'ai réfléchi que, dans l'état de siége où nous nous trouvons, je devais, pour être logique jusqu'au bout, être aussi le commissaire de police.

Or, comme dès le premier mot je me serais arrêté, je préfère, pour m'éviter ce désagrément, m'asseoir dans mon fauteuil au lieu de monter dessus et écrire aux frères et amis ce que je leur aurais dit.

Naturellement, je dédie cette lettre à Lui, le grand pontife de la religion nouvelle, le seul, l'éternel Hugo !

Frères !

Cette lettre est une tempête de l'âme, un pêle-mêle successif et répété de rafales, de pluie, de grêlons, d'é-clairs et de tonnerre !!!...

C'est un cri d'alarme et de douleur, de haine et de vengeance, de rage et de transports !!!...

C'est une éruption volcanique de mon cœur, dont la lave bouillonnante entraîne avec elle les matières enflam-mées, les cendres brûlantes et les scories incandescentes du cratère.

Ce n'est plus un cœur que j'ai dans la poitrine, c'est une usine à gaz!!!

Frères, ne cherchez dans cette lettre ni ordonnance, ni correction; comment peut-on coordonner ses idées lorsqu'elles se pressent à briser le crâne pour en sortir toutes à la fois !

Comment être calme et comment apaiser la tourmente ui convulsionne mon âme d'indignation et de colère, de mépris et de dégoût, lorsque je vois les bourgeois stupides refuser les bienfaits que vous leur apportiez avec la Com-mune !

Ils ont fait plus, ils l'ont repoussée comme un fléau !

La Commune ! c'est-à-dire le contrôle, la dilapidation impossible, le lâche démasqué, l'intelligence, la vérité !

Ils lui ont préféré le mensonge, la faiblesse, l'incapacité.

Oh ! ignorance, voilà de tes coups !

Et vous n'avez pas écrasé sous le talon de vos souliers la tête de ces êtres immondes, de ces reptiles venimeux, qu'on appelle les Bourgeois !

D'abord, le bourgeois qui a repoussé la Commune sait-il bien ce que c'est que Paris ?

Frères, il faut que je le leur dise :

(1) « Paris est mont, il est tour, il est calvaire, il est
« phare. Il gravit le Sinaï, et debout dans la nue il parle à
« Jéhovah. Toutes les fulgurations redoutables des tem-
« pêtes ne font pas baisser ses prunelles éblouies d'infini.
« La quantité de direction que l'Ananké suprême lui im-
« prime se voit au resplendissement de son énorme face
« de jour dans la nuit. Toutes les aubes l'ont trouvé
« debout, dans sa fulgurante clarté. Lui-même est un

---

(1) Tiré de Paris-Berlin. Bruxelles, J. Rozez, 1870, in-8° (2e édition).

« faiseur d'aubes. Il tord la nuit comme un haillon et en
« fait des éblouissements. Ses profondeurs baignent dans
« la lividité de toutes les cavernes et de tous les égouts,
« mais avec des condensations crépusculaires et des irra-
« diations confuses de lumière. Sa vaste fange hideuse
« est semée d'éclaboussures sidérales.

« Paris est gouffre, il est pontifical et abject. L'ar-
« change et l'hydre se confondent dans sa colossale ani-
« malité mêlée de spiritualité avec des alternatives de
« renversement. Il y a au-dessus de lui un vaste clairon
« dans la nuée avec l'embouchure convulsive de deux
« lèvres énormes.

« Quelles lèvres?

« Celles du rire.

« Quel rire?

« Le rire au rictus œgipannique.

« Rire doublé de férocité.

« Promiscuité menaçante et douce de gouffre et de
« fleurs.

« D'autant plus terrible!

« Ulysse se faisait attacher aux mâts à cause de l'appel
« des Syrènes.

« Il y a des syrènes dans le rire, mais point de mât.

« Ulysse eût été dévoré.

« Lui reste impassible.

« Paris a sous un de ses pieds un vague rayonnement
« de trépied et sous l'autre un vil obscurcissement de
« tréteau ; sa dextre levée vers les profondeurs sublimes
« semble ébaucher l'ascension vertigineuse de l'idéale
« échelle, sa sénestre baissée vers les profondeurs sinis-
« tres précipite sur des pentes d'ombre des écroulements
« infernaux.

« Il heurte dans des débâcles de Paradis et d'Enfer les
« anges et les démons ; il métamorphose Adonis en Gna-
« fron.

« Il a toutes les turgescences, tous les bâillements, tous
« les entrebâillements, tous les élargissements, tous les
« écroulements, tous les..... »

Dieu-Hugo, pardonne si je m'arrête.

Voilà ce que c'est que Paris.

Voilà ce que le bourgeois n'a pas voulu comprendre.

Et vous n'avez pas écrasé entre deux pierres ce reptile venimeux !

Vingt années du plus abrutissant despotisme auraient-elles donc tari en vous, frères, la source de tous les grands sentiments, de toutes les indignations généreuses?

Oh! si vous compreniez ce qui bouillonne en moi de haine pour les bourgeois! Que ma plume n'est-elle une pointe d'acier rougie au feu de mon mépris pour flétrir et stigmatiser tous ces égoïstes, tous ces pâles, tous ces lymphatiques qui n'ont pas voulu de la Commune.

Mais, bourgeois que vous êtes, pour repousser la Commune, vous êtes donc des lâches à la troisième puissance, vous n'avez donc ni âme, ni cœur? Vous n'avez donc ni entrailles, ni poumons, ni cerveaux; vous n'êtes donc qu'une monstruosité morale?

Vous ne vivez donc que de la vie animale, de la vie du pourceau ou du reptile se vautrant ou rampant dans la fange? Non, pas même cela, vous n'êtes que des cadavres inertes, puisque le nom de Commune a été impuissant pour vous galvaniser.

Adorateurs bigots du despotisme, ventrus, oiseaux de nuit, qui appellez tranquillité et ordre la tranquillité du tombeau et les ténèbres et le silence de la mort !

Savez-vous, frères, ce qu'ils ont dit.

Ils ont dit que la Commune c'était le désordre.

Les insensés, ils lui font un reproche de son plus beau titre de gloire.

Est-ce que la France ne voudrait plus du désordre ? S'il en était ainsi — repoussons loin de nous cette idée — ce serait à désespérer de son salut.

Car le désordre c'est ce qui enfante les grandes choses et les grands hommes. C'est 93 ! C'est la terreur empêchant la trahison, Robespierre faisant échec à la Vendée et Danton à l'Europe ; c'est la spoliation des émigrés restituant le champ au laboureur et la terre au peuple ; c'est Lyon et Toulon foudroyés cimentant l'unité nationale, c'est enfin la France faisant trembler l'Europe !

Les bourgeois ont préféré l'ordre avec les capitulations, les trahisons, les ignominies, les affreuses paix signées, les écroulements, les engloutissements de notre honneur et l'éternel engraissement des fonctionnaires, des privilégiés et de tous ceux qui, aux dépens du travailleur qui meurt de faim, mangent au râtelier administratif et barbotent dans l'auge du budget.

Ne dites pas aux enrichis, aux bourgeois, lèpre du monde social, à ces êtres immondes, ruisselants de sensualité, que l'homme n'existe pas seulement pour le bonheur égoïste de ne satisfaire que ses passions au détriment de ses semblables, sans se soucier de l'honneur, sans se préoccuper de ses actes, et que le vrai caractère de l'être intelligent et raisonnable c'est de s'incarner dans la Commune.

Ils ne vous croiront pas !

Ne dites pas à ces cerveaux atrophiés que la Commune, qui est le choc de toutes les idées, de tous les rêves, de toutes les théories, de toutes les aspirations généreuses ou égoïstes, sensées ou creuses, sublimes ou stupides, ineptes ou idiotes, qui remuent, agitent, troublent, convulsionnent la société en enfantement, ne sont que le débordement du travail intellectuel de l'humanité qui, par ses mouvements violents, son activité fiévreuse et ses agitations bruyantes, cherche sa marche vers l'avenir.

Ils ne vous comprendront pas !

Ils ne vous comprennent pas lorsque vous leur dites que la Commune, avec ses pillages, ses meurtres, ses incendies, a purifié la nation et qu'elle l'a fait monter de l'abîme où la corruption impériale l'avait plongée vers des régions plus sereines.

Du courage, frères, du courage ! ne désespérez pas de

l'avenir. En France tout arrive à son heure. Un jour viendra — et ce jour n'est peut-être pas loin de vous — où la France comprendra que son salut n'est que dans la Commune !

A bas la République et l'Empire!

Vive la Commune !

CONCLUSION SÉRIEUSE.

J'admets toutes les opinions. Je comprends parfaitement qu'on soit royaliste, impérialiste, républicain — communeux non — mais ce que je ne comprends pas, c'est que personne ne veuille donner à la France le temps de se remettre de l'affreuse crise qu'elle vient de traverser.

Par pitié pour Elle, gens de tous les partis, donnez-lui le temps de se reconnaître, de savoir elle-même ce qu'elle veut, et ne nous rendez pas la risée du monde entier en faisant de notre chère et malheureuse Patrie une véritable Tour de Babel.

ENVOI A Mme Marie D***.

1er janvier 1872.

Après avoir lu ma satire,
    Léger cadeau,
Peut-être vous allez me dire :
    — « Ce n'est pas beau
« De se moquer des prophéties
    « Des bonnes sœurs
« Et faire ainsi des facéties
    « Sur leurs douleurs. »
Las ! je n'ai ni votre belle âme
    Ni votre foi,
Surtout je n'attends pas, Madame,
    Un nouveau roi.

Louis-Quinze me rend sceptique
> A leur endroit ;
Il est vrai que la République
> Me laisse froid.
Je subirais plutôt l'Empire….
> Mais de vos yeux
Ravissants, de votre sourire
> Délicieux.
Si je ne crois pas à grand'chose,
> Comme électeur,
Je crois à votre bouche rose,
> A la candeur,
A la pureté de votre âme.
> Voilà ma foi !
Si c'est trop vous aimer, Madame,
> Pardonnez-moi !

Emile D.***

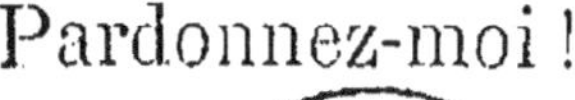

Paris, imprimerie Paul Dupont, rue J. J. Rousseau, 41 (4185.12.1.)

BIBLIOTHEQUE NATIONALE
Désinfection 19 8 4
N° 10066

www.ingramcontent.com/pod-product-compliance
Lightning Source LLC
LaVergne TN
LVHW010419060726
842526LV00005B/1672